AF586432

HYPNOTISME EXPÉRIMENTAL

Applications de la méthode graphique
Influence de la suggestion hypnotique sur la circulation

PAR

Le docteur BÉRILLON
Médecin inspecteur des asiles d'aliénés
Professeur à l'Ecole de psychologie
Directeur de la *Revue de l'Hypnotisme*

PARIS

REVUE DE L'HYPNOTISME — 13, RUE TAITBOUT
VIGOT FRÈRES, ÉDITEURS — 23, PLACE DE L'ÉCOLE-DE-MÉDECINE

1903

HYPNOTISME EXPÉRIMENTAL

Extrait du *Bulletin de la Société de Médecine et de Chirurgie pratiques.*

HYPNOTISME EXPÉRIMENTAL

Applications de la méthode graphique
Influence de la suggestion hypnotique sur la circulation

PAR

Le docteur BÉRILLON
Médecin inspecteur des asiles d'aliénés
Professeur à l'École de psychologie
Directeur de la *Revue de l'Hypnotisme*

PARIS

REVUE DE L'HYPNOTISME | VIGOT FRÈRES, ÉDITEURS
13, RUE TAITBOUT | 23, PLACE DE L'ÉCOLE-DE-MÉDECINE

1903

HYPNOTISME EXPÉRIMENTAL

APPLICATIONS DE LA MÉTHODE GRAPHIQUE
INFLUENCE DE LA SUGGESTION HYPNOTIQUE SUR LA CIRCULATION

Par le Docteur BÉRILLON

1° Considérations générales.

Dans la terminologie médicale, le mot *hypnotisme* sert à désigner l'état psychologique qui résulte d'une influence exercée artificiellement ou plutôt expérimentalement par un individu sur le système nerveux d'un autre individu : Cet état psychologique est constitué essentiellement par une série de modifications dans le système nerveux du sujet. Ces modifications varient selon le degré de l'hypnotisme, depuis la diminution des facultés de contrôle mental jusqu'à l'automatisme le plus absolu.

Dans le langage courant, le mot hypnotisme est pris dans une acception beaucoup plus simple, il est synonyme de *monoïdéisme*, et l'on dit d'un individu qu'il est ou paraît hypnotisé lorsque son attention s'est absorbée dans une idée fixe ou fixée sur un point unique.

En effet, les phénomènes d'hypnotisme ne sont pas toujours le résultat d'une intervention expérimentale. L'état d'hypnotisme, qui consiste primitivement dans l'*inhibition*, c'est-à-dire dans la suspension d'activité de quelques-unes des fonctions mentales, et en particulier de la volonté, peut survenir *fortuitement*. Les causes qui sont susceptibles de produire l'hypnose peuvent s'exercer sur un individu sans qu'il y ait chez autrui aucune intention de provoquer cet état. En un mot, un homme peut *s'auto-hypnotiser* involontairement et spontanément. L'état d'esprit que l'on a désigné sous le nom d'*expectant attention*, certains états affectifs ou émotifs, la fatigue, la timidité, peuvent favoriser l'auto-hypnotisation chez des individus prédisposés ou simplement ignorants. Les états hypnoïdes spontanés sont fréquemment le résultat de chocs physiques ou d'impressions morales vives, s'exerçant sur des hystériques, des fatigués des alcooliques ou des intoxiqués. Il faut aussi mentionner l'intimidation provoquée par des personnes douées d'une certaine autorité naturelle ou auxquelles on attribue quelque prestige. L'imitation et les influences du milieu jouent un rôle considérable dans la production des états hypnoïdes. L'ensemble des conditions qui concourent à la production de l'hypnotisme est fort complexe. Il en résulte que tel individu qui n'est pas hypnotisable aujourd'hui pourra l'être le lendemain au plus haut degré, et que tel sujet qui sera réfractaire à l'influence d'un individu subira au plus haut point la domination d'un autre.

La possibilité de l'auto-hypnotisme spontané explique l'action thérapeutique, en apparence si merveilleuse, de ce que l'on appelle à tort la *suggestion à l'état de veille*. En réalité, la puissance de la suggestion n'acquiert chez certains sujets une telle intensité que parce qu'ils se sont spontanément et préalablement auto-hypnotisés par la mise en jeu de l'*expectant attention*.

Lorsqu'on parle d'hypnotisme, il importe donc de considérer cet état sous deux aspects : 1° l'*hypnotisme expérimental* provoqué intentionnellement par un médecin compétent ; 2° l'hypnotisme *fortuit* ou *spontané* qui, dépendant de circonstances imprévues, se manifeste chez le sujet prédisposé. L'hypnotisme fortuit est d'une observation difficile. Régi par le hasard, cet état nerveux laisse celui qui le présente à la merci d'influences susceptibles de l'opprimer, car elles peuvent s'exercer sans contrôle et sans responsabilité. Il n'en est pas de même de l'hypnotisme expérimental, car entre les mains d'un médecin compétent et exercé, toute application de l'hypnotisme devient une expérience assez compliquée, qui doit être soumise à toutes les règles de la méthode expérimentale.

Par analogie avec certaines expériences de physiologie ou de médecine expérimentale, le but de l'hypnotisme sera toujours ou de suspendre, ou d'augmenter l'activité de tel ou tel organe, soit pour en étudier le mécanisme physiologique, soit pour en améliorer le fonctionnement. La réalisation, chez un individu, de l'état d'hypnotisme et des modifications nerveuses ou mentales qui peuvent en résulter, ne sera obtenue que par l'application méthodique d'un rigoureux *déterminisme* expérimental. Les caractères fondamentaux de toute expérience d'hypnotisme seront nécessairement les suivants :

1° La production des phénomènes d'hypnotisme chez un sujet, c'est-à-dire la suspension ou l'augmentation de ses activités fonctionnelles, est provoquée *expérimentalement* et volontairement.

2° Le début de l'expérience est fixé par une entente résultant du consentement du sujet et de la volonté de l'expérimentateur.

3° L'action et l'étendue de l'expérience peuvent être limitées à des territoires nettement déterminés du système nerveux du sujet et à des fonctions influencées isolément.

4° La durée des phénomènes provoqués est fixée par la volonté de l'expérimentateur.

5° L'expérience terminée, les cellules nerveuses et les fonctions influencées sont replacées, au gré de l'expérimentateur, dans les mêmes conditions qu'avant le début de l'expérience.

Ce dernier caractère constitue un fait d'une importance exceptionnelle. Par lui, l'hypnotisme constitue un procédé expérimental supérieur à la vivisection et aux autres procédés d'investigation de la physiologie et de la médecine expérimentale. L'hypnotisme ne provoque aucune lésion, ni aucune destruction organique. L'opération de l'hypnotisation est donc un procédé physiologique dans l'acception la plus stricte du mot. Les conséquences de cette opération ne deviendront extra-physiologiques ou pathologiques que par le fait de fautes expérimentales, telles que la prolongation exagérée de l'expérience, ou l'oubli de réveiller le sujet.

2° Applications de la méthode graphique a l'étude de l'hypnotisme.

La constatation des phénomènes expérimentaux de l'hypnotisme est des plus frappantes. Les phénomènes provoqués, dans la plupart des cas, apparaissent avec une évidence indiscutable. Les manifestations somatiques, telles que les contractures, les anesthésies, les paralysies, sont en effet des plus caractéristiques. Il en est de même des modifications qui surviennent dans la respiration et la circulation des hypnotisés.

Mais la science ne doit pas se borner à constater des phénomènes. Elle doit tendre à les enregistrer et à les amplifier par tous les procédés capables d'en faciliter le contrôle et l'analyse. C'est pour cela que l'on doit, chaque fois que la chose est possible, soumettre les phénomènes de l'hypnotisme au contrôle de la méthode graphique.

Les premiers qui se sont ingéniés à appliquer les procédés graphiques de la physiologie moderne à l'étude de l'hypnotisme sont MM. Tamburini et Sépilli. Ils ont constaté des différences appréciables dans la respiration et la circulation des sujets hypnotisés, selon qu'ils étaient en léthargie ou en catalepsie.

M. Paul Richer a fait les mêmes constatations. Il a étendu ses recherches à l'étude des contractures musculaires et, en particulier, à celle du phénomène si curieux connu sous le nom d'*hyperexcitabilité neuro-musculaire*.

M. Paul Magnin a soumis au premier Congrès de l'hypnotisme, en 1889, des tracés montrant les variations survenant dans la respiration costale et diaphragmatique des sujets plongés successivement dans des états différents du grand hypnotisme.

Enfin, M. Beaunis a réalisé des expériences qui démontrent nettement l'influence de la suggestion sur la circulation des sujets hypnotisés.

La plupart de nos expériences personnelles présentent un caractère différent. Elles résultent de l'association de la clinique avec l'hypnotisme et nous ont été inspirées par l'observation de troubles pathologiques qui nous ont permis d'obtenir un grossissement considérable des phénomènes. A l'état normal, les modifications qui surviennent dans la circulation des sujets hypnotisés ne peuvent qu'être très limitées ; il n'en est pas de même dans certains états pathologiques qui offrent à l'influence de la suggestion hypnotique un champ beaucoup plus étendu.

Mes expériences, faites chez des sujets hystériques, peuvent être divisées en deux groupes :

1° Action de l'hypnotisme et de la suggestion sur la circulation normale ;

2° Action de l'hypnotisme et de la suggestion sur la circulation des sujets atteints de troubles fonctionnels de la circulation.

La comparaison des résultats obtenus démontre les services que la clinique peut rendre lorsqu'on l'associe à des recherches expérimentales.

3° Modifications expérimentales de la circulation normale sous l'influence de la suggestion dans l'état d'hypnotisme.

Observation Ire. — Mlle R..., âgée de 23 ans, est très craintive ; sans présenter de troubles somatiques très accentués, elle peut être considérée comme hystérique. L'examen clinique de son cœur démontre qu'il ne présente aucun trouble pathologique et fonctionne d'une façon normale. Elle est très hypnotisable, et, dans l'état d'hypnotisme, présente de l'automatisme et réalise des hallucinations suggérées. Nous jugeons son état favorable à des recherches expérimentales.

Pour ces recherches, nous confions la direction de l'appareil enregistreur à M. Ch. Verdin, nous bornant à déterminer les conditions de l'expérience. Cette division du travail est destinée à augmenter la rigueur du contrôle expérimental. Les tracés ont été pris à l'aide du tambour enregistreur de Marey, sans que l'appareil ait quitté le pouls (1).

Expérience. — Le pouls du sujet, pris à l'état de veille, marque

(1) Pendant la durée des expériences, les sujets sont restés dans l'attitude du repos.

78 pulsations à la minute. Le dicrotisme est peu marqué ; la tension artérielle est normale (1er tracé).

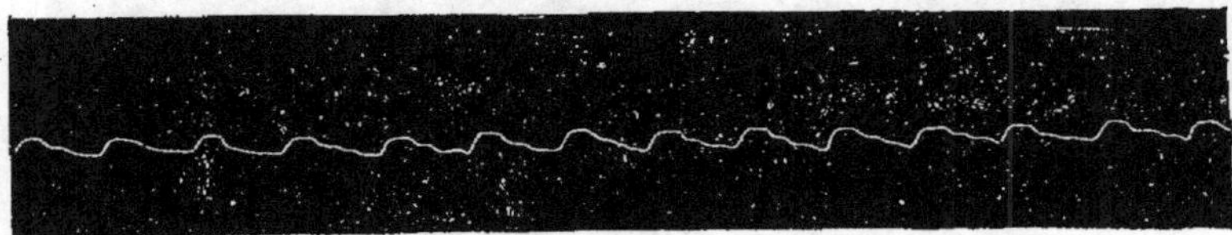

1er tracé. — Etat de veille, 78 pulsations.

Le sujet est endormi par la fixation des yeux. Le pouls conserve le même caractère et le même nombre de pulsations.

Elle reçoit alors la suggestion que son pouls se ralentit. Une mi-

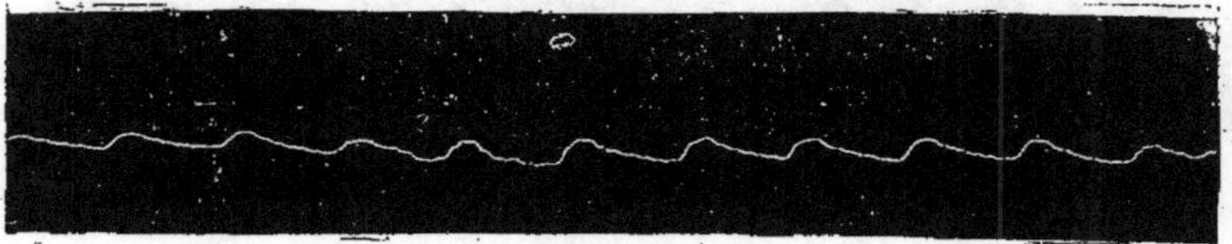

2e tracé. — Hypnose. Suggestion de ralentissement, 66 pulsations.

nute après la suggestion, le pouls marque 66 pulsations. Les caractères du pouls sont modifiés. Le dicrotisme est peu marqué et la tension artérielle s'est légèrement élevée (2e tracé).

On fait alors au sujet la suggestion qu'elle vient de courir, qu'elle

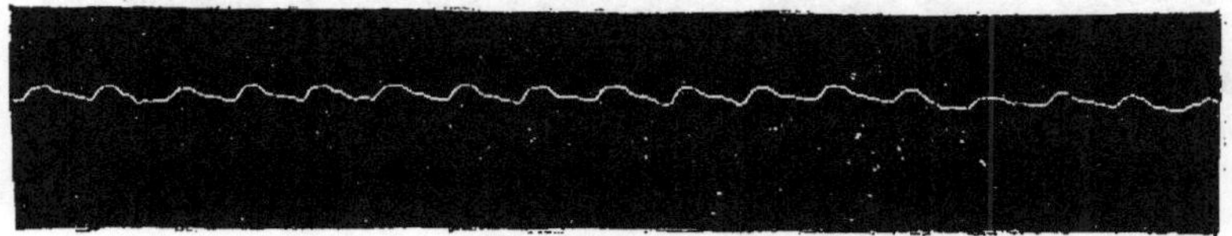

3e tracé. — Hypnose. Suggestion d'accélération, 120 pulsations.

est essoufflée et que son pouls s'est accéléré. Deux minutes après, le pouls marque 120 pulsations. Le dicrotisme s'est accentué (3e tracé).

Au bout de quelques instants, l'agitation se calme spontanément, le pouls redevient normal et marque 78 pulsations (4e tracé).

Alors on s'adresse au sujet et on lui suggère qu'un chien vient d'entrer dans la salle et on insinue qu'il a mauvaise tournure et

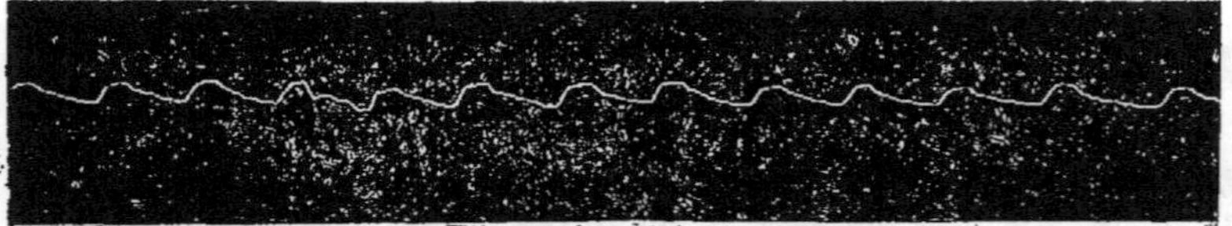

4e tracé. — Hypnose. Etat de calme. 78 pulsations.

qu'il est peut-être enragé. Immédiatement le pouls devient irrégulier, il s'accélère légèrement et il s'élève à 84 pulsations (5e tracé).

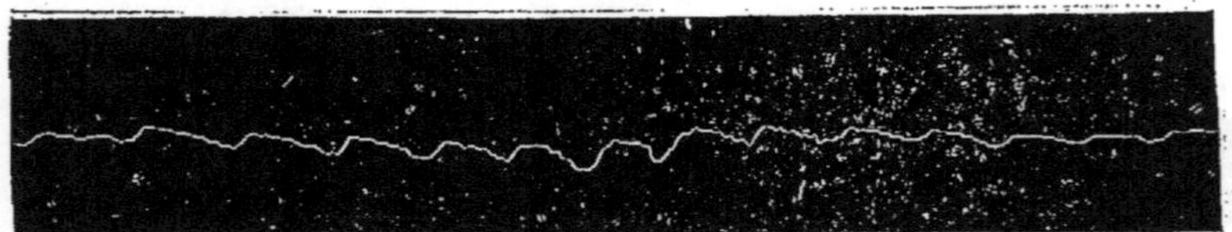

5e tracé. — Hypnose. Suggestion d'effroi. 84 pulsations.

Quelques instants après, la malade est réveillée. Le pouls présente 78 pulsations, c'est-à-dire marque exactement le nombre de pulsations qu'il avait au début de l'expérience.

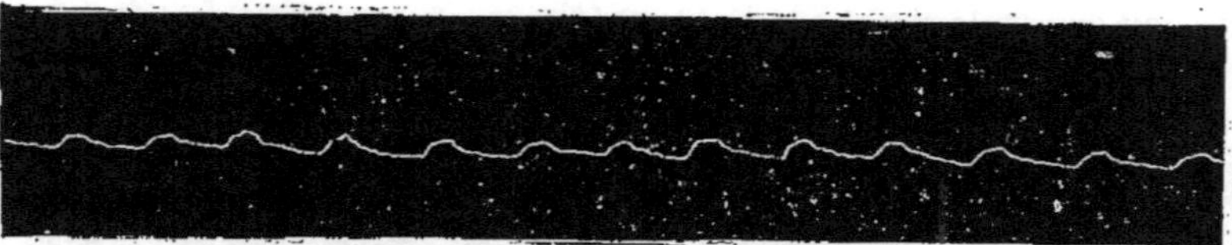

6e tracé. — Après le réveil. 78 pulsations.

Conclusions. — Sous l'influence de la suggestion hypnotique, on a obtenu successivement un ralentissement, puis une accélération du pouls chez un sujet dont le cœur ne présentait aucun trouble. Cette expérience démontre que la suggestion peut déterminer des effets de ralentissement ou d'accélération du cœur et provoquer secondairement des modifications dans la tension artérielle, dans l'état des vaso-moteurs et ainsi exercer une influence sur la nutrition générale.

4° MODIFICATIONS EXPÉRIMENTALES DE LA CIRCULATION, CHEZ UN SUJET ATTEINT DE TROUBLES FONCTIONNELS DU CŒUR, SOUS L'INFLUENCE DE LA SUGGESTION HYPNOTIQUE.

OBSERVATION II. — Mlle S..., âgée de 17 ans, jusque-là bien portante, reçut au mois de juillet 1898 un choc moral des plus violents. Etant en compagnie d'un parent qu'elle ne savait pas atteint d'épilepsie, elle fut témoin d'une attaque soudaine dont la vue provoqua chez elle une frayeur intense. Le croyant mort, elle se mit à pousser des cris et ne voyant personne venir à son secours, elle perdit connaissance à son tour en proie à une attaque convulsive d'hystérie.

Quelques jours après, une angine grave se déclarait, accompagnée de fièvre intense. Le pouls s'éleva à 160 pulsations. Sa vie fut plusieurs jours en danger. L'angine se guérit, mais le trouble circulatoire persista. Cinq mois après, lorsqu'elle se présenta à l'Institut psycho-physiologique, de la part du Dr Lécuyer, de Chatou, son pouls présentait encore 160 pulsations.

La malade, après quelques difficultés, fut hypnotisée. Dans cet état, on lui suggéra le calme, le repos, le ralentissement du pouls. Sous l'influence de ces suggestions, le pouls tomba progressivement, au bout de dix minutes, à 125 pulsations.

Jugeant le fait digne d'être enregistré, nous invitâmes notre collaborateur, le Dr O. Jennings, très compétent en matière d'application de la méthode graphique, à nous servir d'aide. Le sphygmographe employé fut le sphygmographe de Dudjeon.

EXPÉRIENCE. — A l'état de veille, le pouls marque 132 pulsations par minute. Le dicrotisme n'est pas apparent (1er tracé).

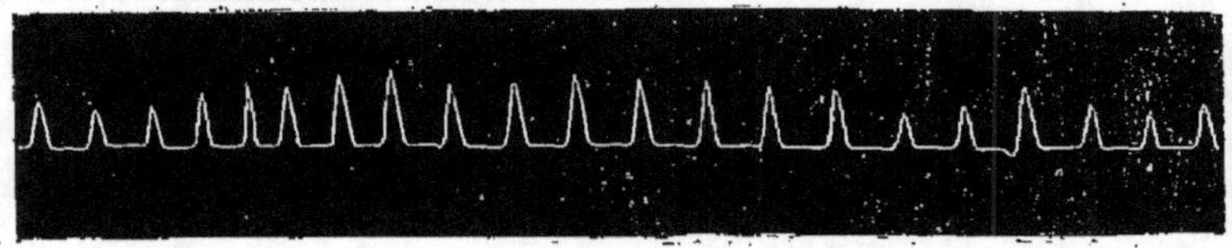

1er tracé. — Veille. 132 pulsations.

La malade est hypnotisée. L'examen du pouls indique 148 pulsations. Après le sommeil, la tension artérielle s'est élevée d'une façon appréciable et le dicrotisme apparaît sous la seule influence du sommeil provoqué (2e tracé).

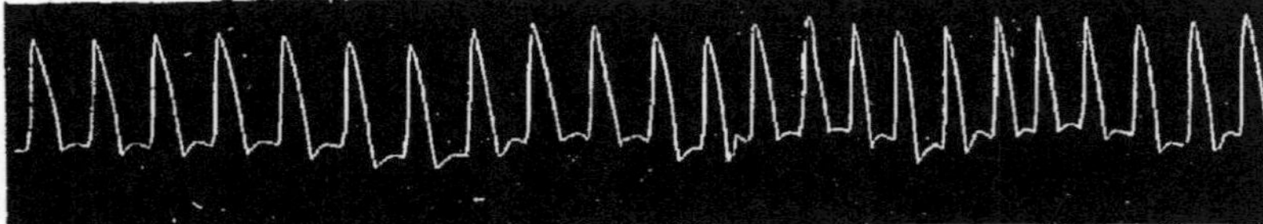

2e tracé. — Hypnose. 138 pulsations.

La malade reçoit alors la suggestion qu'elle est calme, que le cœur se régularise et se ralentit. Cinq minutes après la suggestion, le pouls est descendu à 114 pulsations (3e tracé).

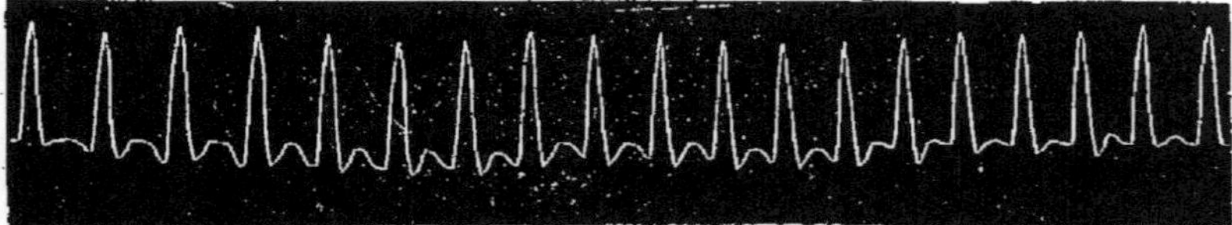

3e tracé. — Hypnose. 1re suggestion de ralentissement. 114 pulsations.

Il s'est modifié dans un sens très favorable. Les oscillations sont plus régulières, le dicrotisme est plus accentué.

La même suggestion est répétée. Le pouls repris après une attente de cinq minutes, donne 112 pulsations (4e tracé).

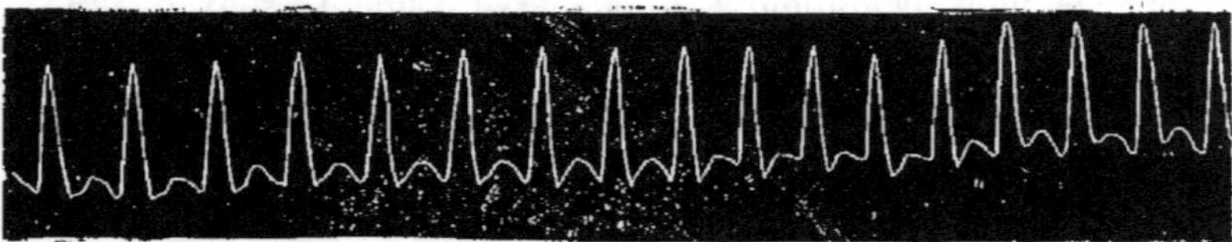

4e tracé. — Hypnose. 2e suggestion de ralentissement. 102 pulsations.

Nous insistons encore et nous lui suggérons que son cœur est devenu tout à fait normal, qu'il bat lentement et régulièrement. Le nombre des pulsations n'est plus que de 84 par minute (5e tracé).

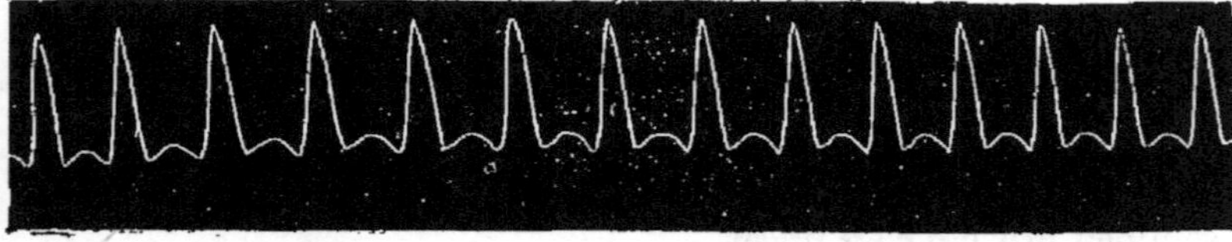

5e tracé. — Hypnose. 3e suggestion de ralentissement. 84 pulsations.

Nous pensons qu'il est légitime de terminer l'expérience, la jugeant assez démonstrative. Aussi, après avoir laissé la malade reposer tranquillement pendant cinq minutes, nous la réveillons, et nous constatons que le pouls est remonté à 104. Il y est resté pendant plusieurs heures, puis la tachycardie a reparu. La même expérience a pu être faite à plusieurs reprises dans des conditions analogues. Actuellement, la malade est guérie de sa tachycardie et les modifications que présente la circulation sous l'influence de la suggestion hypnotique sont très peu marquées.

Conclusions. — Dans cette deuxième expérience, l'existence d'un état pathologique, une tachycardie très accentuée, nous a permis de constater expérimentalement l'influence exercée par la suggestion hypnotique sur le nombre des battements du cœur. Elle démontre que la suggestion, dans l'état d'hypnotisme, est capable d'amener une diminution considérable dans le nombre des pulsations cardiaques.

5° Modifications expérimentales de la circulation, chez un sujet atteint de troubles fonctionnels du cœur, par l'hypnotisme sans suggestion.

Observation III. — Mlle T... âgée de 16 ans, après une chute dans un escalier, survenue dans des circonstances particulièrement émouvantes, une marche ayant cédé sous ses pas, fut atteinte de névrose traumatique. Les troubles nerveux qu'elle présentait étaient surtout caractérisés par une dyspnée très intense, par des palpitations, de l'irrégularité très marquée du pouls et un tremblement incessant limité aux membres du côté gauche.

Expérience. — Le traitement par la suggestion hypnotique était indiqué. Aussi ayant tenté la production du sommeil par la suggestion verbale, nous fûmes surpris de constater que la seule apparition du sommeil, provoqué par la suggestion de dormir, avait suffi pour régulariser les fonctions troublées. Ce résultat était d'ailleurs en rapport avec ce qui se passait chez la malade pendant la nuit lorsque, succombant à la fatigue, elle tombait pendant quelques heures dans le sommeil normal.

En effet, dès qu'elle est hypnotisée, nous constatons que le pouls se régularise, que le choc et les vibrations cardiaques s'atténuent et que la respiration, cessant d'être pénible, reprend son rythme normal.

En même temps, le tremblement s'arrête instantanément dès l'apparition de l'état d'hypnose.

Après avoir constaté par un examen clinique minutieux les modifications survenues sous la seule influence du sommeil provoqué, nous avons voulu les enregistrer par la méthode graphique.

Pour cela, nous avons fait appel à la collaboration de M. Ch.

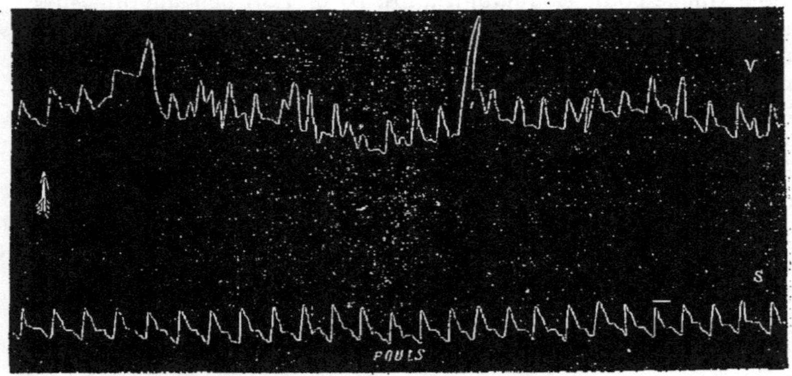

1er tracé. — Pouls : V(veille) S (sommeil).

Verdin, qui, comme toujours, s'est empressé de nous donner le concours de sa compétence et a mis à notre disposition ses appareils enregistreurs.

Les tracés du pouls et du cœur pris successivement dans l'état de

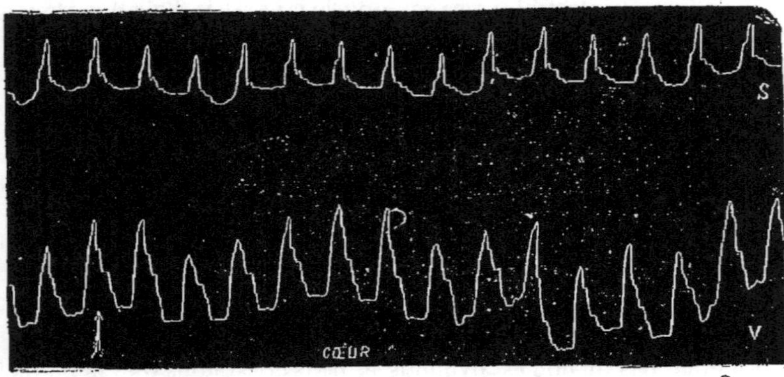

2e tracé. — Cœur : V (veille) S (sommeil).

veille et de sommeil indiquent d'une façon très nette la régularisation survenue dans le pouls dès l'apparition du sommeil. A l'état de veille (1er et 2e tracés), le pouls et le cœur sont absolument irréguliers, le dicrotisme à peine sensible. Dans l'état d'hypnose, le pouls et le cœur se sont régularisés le dicrotisme s'est accentué. On a pu, en même temps, constater une augmentation dans le nombre des pulsations.

Conclusions. — L'application de la méthode graphique, dans cette troisième expérience fournie par l'association de la clinique et de l'intervention hypnotique, permet de déduire les conclusions suivantes :

1° La régularisation des mouvements respiratoires, du pouls et des mouvements cardiaques, survenant sous l'influence du sommeil provoqué, à l'exclusion de toute suggestion directe sur les fonctions troublées, établit une analogie de plus entre le sommeil provoqué et le sommeil naturel.

2° Cette régularisation constitue une démonstration frappante de l'action exercée par l'hypnotisme, indépendamment de toute suggestion.

6° Modifications de la tension artérielle sous l'influence de l'hypnotisme et de la suggestion.

Dès le début de nos études sur l'hypnotisme, nous avons constaté que, sous la seule influence du sommeil provoqué, des modifications importantes se manifestent dans la circulation des hypnotisés. Après quelques instants de sommeil, le pouls se régularise et le dicrotisme s'accentue. Depuis, nous avons complété ces recherches en comparant, chez un grand nombre de sujets, la tension artérielle dans l'état de veille et dans l'état de sommeil provoqué. Pour ces examens, nous nous sommes servi du sphygmomètre de Verdin,

Nous avons constaté que, d'une façon générale, chez les sujets qui présentaient de l'hypertension artérielle, la production du sommeil provoqué avait pour effet de relever la pression sanguine d'une façon très appréciable : ainsi il est fréquent de noter que la tension artérielle s'élève déjà de plus de 100 grammes. Après quelques minutes de sommeil, cette augmentation s'accroît progressivement. Elle persiste non seulement pendant toute la durée du sommeil, mais encore pendant assez longtemps après le réveil. Chez certains sujets dont la pression artérielle est à peine perceptible, il peut arriver que la tension artérielle n'apparaisse qu'un certain temps après la production du sommeil. Dans ces cas, les séances d'hypnose devront être prolongées pendant une ou plusieurs heures. Chez les sujets dont la tension artérielle est normale, le sommeil provoqué détermine également une élévation de tension, mais cette élévation est moins accentuée et plus longue à se manifester que chez les malades dont l'hypotension est permanente et dont la dépression sanguine est très accusée.

Le sommeil provoqué n'exerce cette action favorable sur le système circulatoire que lorsqu'il est établi dans des conditions qui le rapprochent le plus possible du sommeil normal. Cet état ne peut être obtenu qu'en s'abstenant rigoureusement de toutes interventions expérimentales susceptibles de mettre en jeu l'activité psychomotrice des sujets. L'hypnotiseur devra se borner à provoquer l'apparition du sommeil par les procédés habituels : suggestion associée ou non à l'emploi des agents physiques. Ensuite il régularise le sommeil par des formules évoquant l'idée de calme et de repos, telles que les suivantes : « Dormez comme si vous étiez endormi la nuit dans votre lit ; dormez sans être agité, sans rêver ; dormez uniquement pour vous reposer, et surtout dormez le plus profondément possible ; isolez-vous du monde extérieur, sans être influencé par les mouvements et les bruits du dehors. » Le sommeil, une fois obtenu, devra être prolongé le plus longtemps possible.

Malgré leur intérêt, ces faits pourraient n'être acceptés qu'avec une certaine hésitation, si des troubles circulatoires, survenus chez un sujet hystérique, en permettant le contrôle de la méthode graphique, n'étaient venus démontrer d'une façon évidente l'action exercée par la suggestion hypnotique sur les vaso-moteurs et consécutivement sur la tension artérielle.

Observation IV. — Mlle M... âgée de 18 ans, à la suite d'une vive frayeur eut de violentes attaques d'hystérie. Après ces attaques, elle conserva une hémianesthésie complète, sensitive et sensorielle, de tout le côté gauche. En même temps, on pouvait constater que la main gauche était boursouflée, avait une teinte violacée et présentait l'apparence d'un état d'asphyxie locale.

Le simple examen clinique suffisait à révéler une notable différence dans la tension artérielle des deux artères radiales. Tandis qu'à gauche le pouls était à peine perceptible, à droite, il était fort et bondissant. La malade, après quelques séances, devint assez profondément hypnotisable. Nous eûmes alors l'idée de recourir au *transfert* pour modifier l'hémianesthésie du côté gauche qui avait jusque-là résisté à tous les traitements. Nous lui suggérâmes que la sensibilité du côté droit allait être transférée à gauche et que inversement l'anesthésie du côté gauche serait transférée du côté droit. Conformément à nos prévisions, la suggestion se réalisa. Mais en même temps que nous assistions au transfert de l'anesthésie, nous pouvions constater le transfert d'un côté à l'autre des caractères de la tension artérielle. Il était indiqué d'enregistrer les faits par la méthode graphique.

Expérience.[1] — La malade, hémianesthésique à gauche, est hypnotisée ; notre collaborateur M. Verdin applique sur les deux radiales les explorateurs du tambour enregistreur de Marey. Le premier tracé, enregistré à deux reprises, indique l'état du pouls de l'artère radiale à gauche.

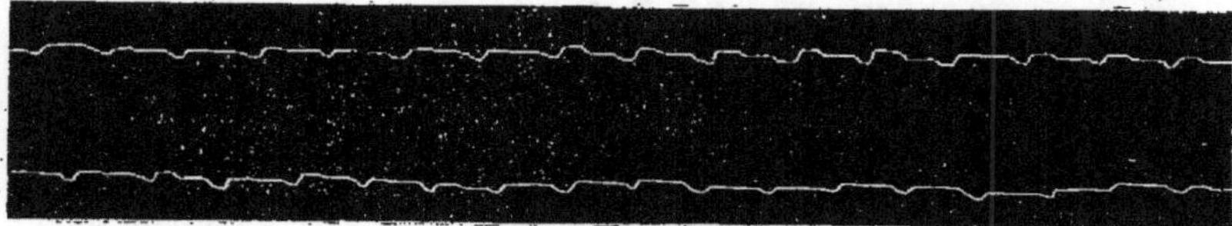

1er tracé. — Pouls radial à gauche (côté hémianesthésique).

Le second tracé, enregistré également à deux reprises, concerne l'état du pouls de l'artère radiale à droite.

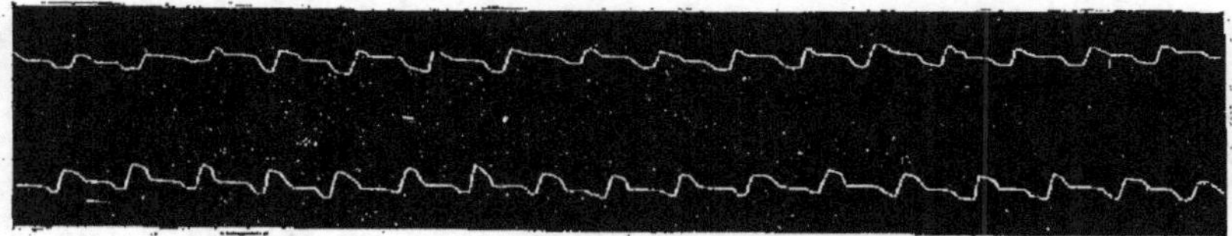

2e tracé. — Pouls radial à droite (côté normal.)

On suggère alors le transfert de l'hémianesthésie à droite. Cinq minutes se passent. On constate à l'aide d'une épingle que la sensibilité est transférée à gauche tandis que l'anesthésie est devenue complète à droite. On reprend alors les tracés des deux radiales et l'on obtient les tracés ci-dessous. Le troisième tracé qui est celui de la radiale gauche indique que, en même temps que la sensibilité est revenue, la tension artérielle s'est élevée d'une façon notable. Le

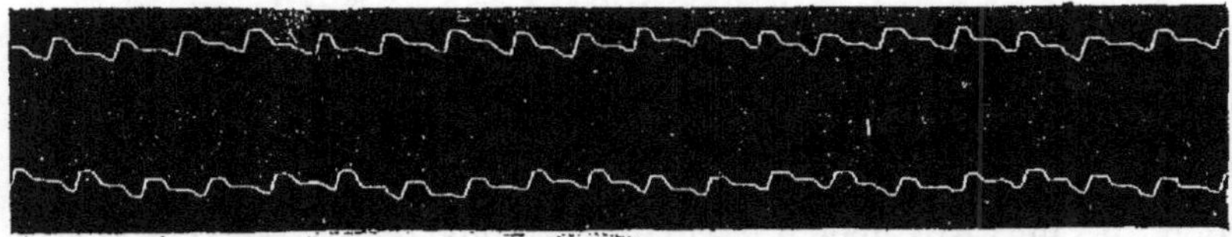

3e tracé. — Pouls radial à gauche, après le transfert.

quatrième tracé prouve que l'abaissement artériel est survenu à droite en même temps que l'anesthésie apparaissait de ce côté :

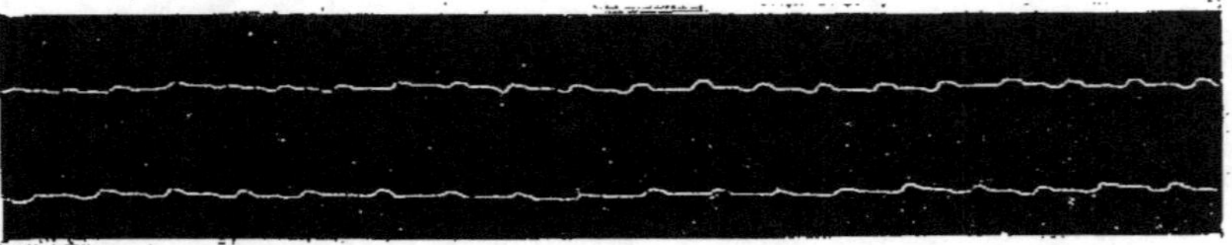

4e tracé. — Pouls radial à droite, après le transfert.

Conclusions. — L'expérience du transfert de la sensibilité d'un côté à l'autre s'accompagnant du transfert des phénomènes vaso-moteurs, en permettant l'intervention de la méthode graphique, constitue une démonstration très frappante de l'influence de la suggestion sur l'état d'hypnotisme. Elle nous fait assister à un véritable *transfert de force*, comme si les actes vitaux étaient régis par une loi générale de balancement et d'oscillation. En effet, il apparaîtrait que les augmentations de propriétés et d'activité dans certaines régions sont compensées par des diminutions de propriétés ou d'activité dans d'autres régions. La constatation de ces phénomènes permettrait d'arriver à l'explication physique des états de l'hypnotisme et d'envisager l'action de l'attention dirigée par la suggestion sur les organes et sur les fonctions, comme une véritable *polarisation* de la force nerveuse.

Si l'influence réciproque du physique sur le moral avait besoin d'être prouvée, le fait que le rythme cardiaque et la tension artérielle peuvent être modifiés par la suggestion en constituerait le démonstration la plus évidente.

Le cœur est un réactif délicat et la moindre émotion se traduit chez la plupart des individus non seulement par des modifications dans le fonctionnement du cœur, mais aussi par des sensations circulatoires. L'influence des émotions sur le pouls furent connues dès la plus haute antiquité. C'est ainsi qu'Erasistrate reconnut par l'accélération survenue subitement dans le pouls d'Antiochus, fils de Séleucus Nicator, roi de Syrie, l'amour qu'il éprouvait pour sa belle-mère Stratonice. Dans des conditions analogues, Hippocrate, en constatant les modifications survenues dans l'amplitude du pouls de Perdiccas II, roi de Macédoine, à l'entrée de Phila, devina l'amour qu'elle avait inspiré à son client.

Les anciens, qui ne connaissaient pas le mécanisme de la circulation du sang, attribuaient ces manifestations réflexes des émotions aux pérégrinations des esprits animaux et vitaux dont la matière subtile et invisible circulait par l'intermédiaire du sang et des nerfs à travers l'économie. Cette doctrine a survécu jusqu'à Descartes qui en fut l'un des derniers défenseurs. La célèbre découverte de la circulation du sang par Harvey devait porter un coup fatal à la théorie des esprits vitaux, sans cependant lui substituer immédiatement une interprétation plus rationnelle du retentissement à distance des émotions sur le cœur et les vaisseaux.

Voltaire, qui sur tant de questions fut un précurseur et eut l'intuition de tant de vérités est peut-être le premier qui ait donné du mécanisme de l'émotion une théorie conforme aux doctrines contemporaines. Il s'était rendu compte que le point de départ des émotions réside dans les excitations périphériques, comme il l'indique dans le passage suivant, où il décrit les phénomènes objectifs de la colère chez un de ses contradicteurs : « Mon homme se fâche ; le sang lui monte au visage. Il me battrait s'il était le plus fort, s'il n'était retenu par les bienséances. *Son cœur se gonfle ; la systole et la diastole se font irrégulièrement ; son cervelet est comprimé, il tombe en apoplexie.* Quel rapport y avait-il donc entre ce sang, ce cœur, ce cervelet, et une vieille opinion du docteur qui était contraire à la mienne ? Un esprit pur, intellectuel, tombe-t-il en syncope quand on n'est pas de son avis ? *J'ai proféré des sons, il a proféré des sons* ; et le voilà en apoplexie, le voilà mort (1). »

Dans ce passage, Voltaire expose très nettement l'*influence réflexe qu'exercent les excitations acoustiques sur les contractions du cœur et sur les battements du pouls.*

Cette influence du système nerveux sur le cœur a été traduite en langage scientifique par Claude Bernard en 1865 et il est impossible de mieux l'exposer qu'il ne l'a fait.

« En résumé, dit-il en 1865, chez l'homme, le *cœur* est le plus sensible des organes de la vie végétative ; il reçoit le premier de tous l'influence nerveuse cérébrale. Le *cerveau* est le plus sensible des organes de la vie animale ; il reçoit le premier de tous l'influence de la circulation du sang. De là résulte que ces deux organes culminants de la machine vivante sont dans des rapports incessants d'action et de réaction. Le *cœur* et le *cerveau* se trouvent dès lors dans une solidarité d'action, réciproques des plus intimes, qui se multiplient et se resserrent d'autant plus que l'organisme devient plus compliqué et plus délicat... Les sentiments que nous éprouvons sont toujours accompagnés par des actions réflexes du cœur ; c'est du *cœur* que viennent les conditions de manifestation des sen-

(1) VOLTAIRE. — Influence des passions sur le corps et celle du corps sur elles (Dictionnaire philosophique).

timents, quoique le *cerveau* en soit le siège exclusif. Dans les organismes élevés, la vie n'est qu'un échange entre le *cœur* et le *cerveau*, les deux rouages les plus parfaits de la machine vivante. Cet échange se réalise par des relations anatomiques très connues, par les *nerfs pneumogastriques* qui portent les influences nerveuses au cœur, et par les *artères carotides* et *vertébrales* qui apportent le sang au cerveau. Tout ce mécanisme merveilleux ne tient donc qu'à un fil et si les *nerfs qui unissent le cœur au cerveau* venaient à être détruits, cette réciprocité d'action serait interrompue et la manifestation de nos sentiments profondément troublée » (1).

Cette citation facilite l'interprétation des expériences par lesquelles, en nous adressant au cerveau, par l'intermédiaire de la suggestion, nous avons exercé une influence sur le cœur. Elle permet de comprendre le mécanisme par lequel une idée, après avoir impressionné les centres nerveux, peut exercer un retentissement à distance sur un viscère avec lequel ces centres sont en relations si étroites et si constantes. Que l'idée pénètre fortuitement dans le sensorium ou qu'elle y soit portée par la suggestion, le mécanisme sera le même. On peut cependant concevoir que chez un individu plongé dans l'état d'hypnotisme et présentant les dispositions à l'automatisme qui caractérisent cet état, l'intensité de l'influence exercée en sera notablement accrue. De là la possibilité de les enregistrer avec plus de facilité.

S'il est admis sans conteste que l'émotion est susceptible d'exercer une action réflexe sur les mouvements du cœur, par contre, les physiologistes ne croient pas que la *volonté* puisse exercer une action directe sur les pulsations de cet organe.

Un certain nombre de faits observés scientifiquement ne peuvent cependant s'expliquer que par une action directe de la volonté. La plupart de ces faits ont été rassemblés par M. Beaunis (2).

Le premier, raconté par le Dr Cheyne, a trait au capitaine américain Townshend, qui suspendit à sa volonté les battements de son cœur, se mit dans un état de mort apparente et revint également à la vie par un effort de sa volonté (3).

Frei a eu l'occasion de constater chez quelques personnes la faculté d'arrêter volontairement leur pouls (4).

Le physiologiste E.-F. Weber a fait sur lui-même d'intéressantes

(1) Claude Bernard. — La science expérimentale (Paris, 1890). Etude sur la physiologie du cœur.

(2) Beaunis. — Le somnambulisme provoqué, p. 44, Paris, 1887.

(3) Cheyne. — An English malady. London, 1733.

(4) Frei. — *Archives de Müller*, 1845.

expériences. Il découvrit qu'il pouvait interrompre à volonté, pour un moment, les battements de son cœur et ses pulsations artérielles en empêchant l'air d'entrer dans sa poitrine qu'il comprimait en même temps ; la circulation ne se rétablissait que quand la compression avait cessé (1).

Wendling cite aussi un exemple d'arrêt volontaire des battements du cœur chez un étudiant en médecine. Ce qu'il y avait de particulier chez ce sujet, c'est que le pouls se supprimait complètement au bout de cinq à six secondes. Il provoquait l'arrêt du cœur en faisant une inspiration profonde,suivie de l'occlusion de la glotte et de la contraction énergique des muscles expirateurs (2).

Dans cette première catégorie de faits, l'action de la volonté sur le cœur ne s'exerçait que par la gêne apportée à la respiration. Dans un second groupe, au contraire, l'action du cerveau semble s'être exercée directement sur le cœur. A ce point de vue, ils présentent à nos yeux un plus grand intérêt.

Botkin raconte le cas d'un individu atteint d'atrophie musculaire progressive qui pouvait ralentir les battements de son cœur en pensant à l'état misérable de santé dans lequel il se trouvait. Ce fait ne peut s'expliquer que par un phénomène d'émotion combiné à l'auto-suggestion. Le travail le plus probant sur cette question est celui de J.-B. Tarchanoff (3). Le premier des faits observés par lui concernait un étudiant qui par entraînement était arrivé, en concentrant son attention sur son cœur, à accélérer les battements de l'organe. Chez lui la respiration n'était pas en cause. L'attention et la volonté étaient seules mises en jeu. Chez un second sujet, l'accélération était plus remarquable, car il pouvait faire monter son pouls de 85 à 130 pulsations. Un troisième, le Dr Schlesinger, en s'exerçant graduellement arriva à faire monter ses pulsations de 85 à 160 par minute. Il ne réalisait d'ailleurs cette expérience qu'au détriment de sa santé. Tarchanoff concluait de ces observations à une action directe *de la volonté sur le cœur*.

A ces faits, nous pouvons en ajouter un que nous avons eu l'occasion d'observer personnellement. Ayant été appelé à donner nos soins à un peintre célèbre et déjà âgé, nous fûmes très surpris de constater que son pouls ne battait que 40 pulsations à la minute. Il s'attendait à notre étonnement, car il avait constaté la même surprise chez plusieurs médecins. Il s'agissait d'un cas de pouls lent

(1) E. F. Weber. — *Archives générales de médecine*, 1851.

(2) Wendling. — Sur l'influence mécanique de la respiration sur la circulation. — Thèse de Strasbourg, 1864.

(3) Tarchanoff. — *Archives de Pflüger*, 1884.

permanent analogue à celui que présentait Napoléon, dont le pouls ne dépassait pas 40. Il nous affirma qu'il pouvait encore ralentir son pouls par l'influence de sa volonté. En effet, nous pûmes constater, après qu'il eut fermé les yeux pendant quelques minutes, que son pouls ne marquait plus que 36 pulsations. En calmant l'activité de son esprit il exerçait indirectement une action modératrice sur son cœur.

Nous avons constaté également chez un homme qui s'exhibait en public la disparition, au commandement, de quelques battements du pouls.

Un de nos amis, préparateur à la Sorbonne, avait eu l'idée de faire des recherches sphygmographiques sur lui-même. Au bout de quelques jours il constata une arythmie qui lui inspira de vives inquiétudes. Cette arythmie, qui allait en s'accentuant à mesure qu'il continuait ses recherches, n'existait pas sur ses premiers tracés. Elle disparut quelques jours après la cessation des expériences. Il dut reconnaître que cette arythmie avait été le résultat de l'attention trop soutenue qu'il avait portée sur le fonctionnement de son cœur.

Il avait été atteint à un degré plus élevé des troubles cardiaques d'origine nerveuse que les médecins d'Edimbourg ont désignés sous le nom de *maladie de cœur des étudiants*, parce que peu d'élèves en médecine échappent à cette crainte. Huchard cite également le cas d'un professeur du collège de France qui éprouva les appréhensions d'un anévrisme à la suite d'un cours consacré aux affections du cœur (1).

Enfin, nous devons mentionner les recherches d'auto-hypnotisme et d'auto-suggestion faites par le Dr Coste de Lagrave et communiquées par l'auteur au premier Congrès d'Hypnotisme en 1889. Coste de Lagrave était arrivé à réaliser sur lui-même par *auto-suggestion* un certain nombre d'expériences que l'on ne peut obtenir d'ordinaire que par la suggestion dans l'état d'hypnotisme. En particulier, il était arrivé à se réchauffer volontairement les pieds. Lorsque, étant à cheval, ou dans une chambre non chauffée, il voulait réaliser cette expérience, le résultat était obtenu en cinq minutes. L'élévation de température était plus marquée du côté droit : à ce sujet, il faisait remarquer que l'action de l'auto-suggestion plus rapide à droite qu'à gauche tenait à ce que le côté droit, étant chez les droitiers, plus exercé, plus habile, réagit mieux aux excitations et aux émotions (2).

(1) Huchard. — Traité des névroses, p. 540, 1883.

(2) Coste de Lagrave. — Expériences d'auto-hypnotisme et d'auto-suggestion. (*Comptes rendus du 1er Congrès de l'Hypnotisme*, 1889, p. 299.)

Les expériences que Coste de Lagrave avaient faites sur lui-même étaient en quelque sorte confirmatives de celles de Dumontpallier, auxquelles nous avons collaboré. Dans une communication faite à l'Académie des sciences en 1885, Dumontpallier démontrait que dans des circonstances déterminées, la *suggestion peut produire une modification vaso-motrice caractérisée par une élévation de température de plusieurs degrés centigrades* et cela pour des régions *limitées à volonté* (1).

Nos expériences personnelles, dans lesquelles l'influence de la suggestion hypnotique s'est manifestée en provoquant une accélération, un ralentissement, une régularisation du pouls ou bien encore une modification dans la tension artérielle, ne paraissent avoir qu'une relation indirecte avec les faits dans lesquels des perturbations viscérales ou des élévations de température périphérique auraient été obtenues par une action volontaire. En réalité, ils s'y rattachent d'une façon complète.

En démontrant que la *volonté d'autrui*, sous forme de suggestion dans l'état d'hypnotisme, peut accentuer les relations du système nerveux central avec celui de la vie végétative et influencer les fonctions viscérales, ils fortifient l'opinion que les mêmes effets *pourraient être obtenus directement par une volonté entraînée et cultivée.*

(1) Dumontpallier. — De l'action vasomotrice de la suggestion chez les hystériques hypnotisables. (*Académie des Sciences*, 27 juillet 1885.)

Clermont (Oise). — Imprimerie Daix frères.

www.ingramcontent.com/pod-product-compliance
Lightning Source LLC
LaVergne TN
LVHW052024160826
845678LV00003B/1191

* 9 7 8 2 3 2 9 6 3 9 0 7 9 *